Marianne Hofmann

Das Leben lieben

Den Augenblick bewusst wahrnehmen

Autorin:
Marianne Hofmann, geborene Hartmann, DE Nürnberg
geboren 14.02.1923 in DE-Siddessen (Weserbergland/NRW)

CMS Communications Verlag GmbH, DE Nürnberg
info@cmscom.de | www.cmscom.de

Zeichnungen: Margarete Feyertag, Nürnberg
Fotos: Stephanie Rindfrey + pixabay.com
Satz und Layout: CMS Communications Verlag GmbH (523)
ISBN 978-3-922075-17-2

Marianne Hofmann

Das Leben lieben

Den Augenblick bewusst wahrnehmen

Gedichte einer Hundertjährigen

CMS Communications Verlag GmbH | www.cmscom.de

Marianne Hofmann, Stephanie Rindfrey
Zusammenarbeit beim Aufschreiben der Gedichte

Inhalt

Gedichte

Vorwort – Wie das Buch entstanden ist

Es begann an einem schönen Sommertag im Jahr 2022. Ich saß oberhalb des Spitzingsees auf einer Alm, trank Buttermilch und beobachtete Kühe. Da leuchtete eine Nachricht auf meinem Handy auf: "Muss der Schüler auch Medikamente vorstellen?" fragte eine Praxisanleiterin. Ich antwortete: „Ja, wie immer, warum?" Sie: "Es geht um eine 99 jährige Dame. Ich habe noch nie gesehen, dass sie Medikamente nimmt." Ich antwortete: „Interessant, dann forscht mal nach … bis Dienstag."

Am Dienstag führten mich die Praxisanleiterin Andrea und Patryk, Schüler im 1. Ausbildungsjahr der Pflegeausbildung, zur 99jährigen Marianne Hofmann, die im betreuten Wohnen lebt. Meine Aufgabe als Lehrerin war es, den Schüler in der Praxis zu begleiten. Nachdem der Schüler die pflegerische Unterstützung abgeschlossen hatte, wandte ich mich an Frau Hofmann: "Darf ich Sie fragen, wie Sie ihr Leben verbracht haben, um so vital alt zu werden?"

Sie antwortete: „Ich hatte meinen eigenen Garten, habe viel Biogemüse aus dem Garten gegessen und ich bewege mich regelmäßig. Ich gehe im Stadtpark spazieren". Ich entgegnete, mir sei aufgefallen, dass viele Menschen, die sehr alt werden und sich gut fühlen, ein besonderes Interesse bzw. eine Begeisterung für etwas hätten. Frau Hofmann freute sich und bestätigte, dass sie auch so etwas habe, sie schreibe Gedichte.

Sie trug uns ihr Gedicht „Kinderaugen" vor. Wir waren alle drei sehr berührt und der Meinung, dass es ausgesprochen gut gedichtet und vorgetragen war.

Frau Hofmann sagte, sie habe schon mal mit dem Gedanken gespielt, ihre Gedichte zu veröffentlichen, aber bisher noch niemanden gefunden, der bereit wäre, diese zu tippen. Ich antwortete spontan, dass ich das übernehmen würde. Sie freute sich darüber und wir verabredeten uns zu einem weiteren Treffen.

Am Samstag darauf besuchte ich sie gemeinsam mit meinem Mann, der von der Idee ganz begeistert war und bereits recherchiert hatte, wie es möglich sei, ein Buch zu veröffentlichen.

Während er Frau Hofmann darüber informierte, packte ich meinen Laptop aus und die ersten Gedichte wurden eingetippt. Frau Hofmann las mir die Gedichte vor und ich schrieb sie. Es war ein erfüllter Nachmittag und wir tranken auf das Du und das neue Projekt. Die Idee war, zu Mariannes 100. Geburtstag, im Februar 2023, ihr erstes Buch herauszugeben.

Zu Hause angekommen überlegte ich, wie ich das alles unterbringen sollte. Ich hatte zu dieser Zeit einiges um die Ohren. Schließlich rief ich sie an und schlug vor, zukünftig alles per Telefon zu erledigen. Sie fand die Idee gut. Ich setzte meine Kopfhörer auf und sie las die Gedichte vor, die ich eintippte.

Da bereits Verleger abgesagt hatten, beschlossen wir, über Book on Demand alles selber umzusetzen. Schließlich fand ich doch noch einen Verleger, der bereit war, das Buch herauszugeben – den, bei dem ich seit Jahren meine medizinischen Fachbücher bestelle.

Eines Tages bat ich Marianne, Fotos herauszusuchen, damit wir das Buch mit Bildern lebendig gestalten könnten. Sie sagte, sie habe kaum noch Fotos, aber im Haus gebe es eine Dame, die sehr gut zeichnen könne und sie würde sie fragen, ob sie bereit wäre, für das Buch zu zeichnen.

Sie sagte zu und im Herbst waren wir bereits ein Team von fünf Mitgliedern. Frau Hofmann, die Autorin, Frau Feyertag (92 Jahre alt), die Zeichnerin, Herr Högerl, der Verleger, mein Mann, der uns mit Rat und Tat zur Seite stand, und ich, die alles tippte und koordinierte und beim Layout mitwirkte.

Wir trafen uns alle zusammen, um abzusprechen, wie das Buch gestaltet werden soll.

Marianne Hofmann

Einleitung – Wie ich zum Dichten kam

Was soll ich Euch sagen und was erzählen,
Weiß nur vom eigenen bescheiden' Erleben
Was ich gesehen und gehört
Und schon als Kind mein Herz betört,
Kann nur Euch berichten liebe, kleine Geschichten

Von Wiesen und Wäldern von Heide und Moor,
Wo Bäume sich recken zum Himmel empor,
Von Tälern und Höhen und den Felsen, die dort stehen.
Von Blumen, den duftigen zarten,
Die wachsen in unserem Garten.
Von den Tieren in den Wäldern,
Dem Schnee auf weiten Feldern;
Vom goldenen Sonnenschein,
Hüllend sanft die Erde ein.
Von den Vögeln in den Bäumen,
Den Menschen, die da träumen.

Vom stillen blauen See,
An des Ufer ich oft steh'.
Die Nebel, die dort steigen
Und schweben dort im Reigen.
Vom Mondlicht in der Nacht
Und Leuchten der Sterne Pracht
Von Kinderlachen und -weinen,
Das alles möchte ich Euch zeigen.
Doch wem das alles gefällt,
das Büchlein fest geschlossen hält.

Des Nachts, wenn ich nicht schlafen kann,
Fang' gleich ich an zu dichten
Ich habe meine Freude dran,
Wen stört's frag ich mitnichten.
Hab dann ein Verslein mir erdacht,
Die müden Augen zugemacht,
Fängt mich still die dunkle Nacht
Führt mich ins Land der Träume sacht.

Das Eichhörnchen

In unserem Garten beim Hause,
Da hab ich der Freunde gar viel.
Eichhörnchen hat dort seine Klause,
Erfreut sich mit munterem Spiel.

Eines Morgens in der Früh,
Bevor der Tag anbrach,
Da klopfte es an die Scheiben
Mein kleines Kind erschrak.
Begann vor Angst zu weinen,
Doch dann, dann hat's gelacht
Denn draußen vor der Scheibe,
Im ersten Morgenlicht,
Eichhörnchen, das kleine
Die Haselnüss' aufbricht.

Schnell gehen wir in den Garten
Durch die Terrassentür,
Eichhörnchen das zarte
Hüpft da und dort und hier.
Ich hab mit Mühe und Bedacht
Ihm ein Nüsslein aufgemacht.
Halts ihm hin ganz sanft und sacht
Und eh ich noch daran gedacht
Hat's mir das Nüsslein weggeschnappt.

Flink klettert's in den Walnussbaum
Im dichten Laube seh' ich's kaum.
Es hüpft von Ast zu Ästchen
Schaut auch ins Vogelnestchen
Husch..! Verschwunden ist's im Haselbusch.

Tiere meines Gartens

Zu Hause in unserem Garten
Gar viele Bäume stehen;
Ich kann es kaum erwarten
Ihn einmal wieder zu sehen.

Die hohen Bäume neigen sich
Über das einsame Haus.
Frohes Lachen und auch Weinen
Klang einst zum Fenster hinaus

Es ist so still geworden,
Kein Lachen weit und breit
Hab fast all meine Lieben verloren
Vor langer langer Zeit.

Doch in dem Garten beim Hause
Hab ich der Freunde gar viel.
Eichhörnchen hat dort seine Klause
Er freut mich mit munterem Spiel.
Auf langen grünen Zweigen
Im dichten Baumgeäst
Wippen und picken die Meisen
Zwittschern froh in ihrem Nest.

Bachstelze, Amsel, Fink und Star,
Die ganze muntere Vogelschar
Erfreuen mich mit Sang und Klang,
Sei still mein Herz, sei nicht mehr bang.

Die Meisen

Auf langen grünen Zweigen
Im dichten Baumgeäst
Picken und wippen die Meisen
Zwitschern froh in ihrem Nest.

Von Ast zu Ast sie springen
Den lieben langen Tag.
Ein lustig Lied sie singen,
Mein Herz sich freuen mag.

Und hab ich vergessen zu schließen
Die Tür dort zum Balkon,
Die kleinen Meisen, die süßen
Hüpfen zu mir ins Zimmer schon.

Sie fliegen zu den Blumen,
Die dort am Fenster stehen.
Hören auf meine Stimme,
Lass' ungern sie wieder gehen.

So fliegen sie wohl ein und aus
Ganz ohne Angst im stillen Haus
Ich hab die Fenster weit aufgemacht
Still, horch – ich glaube ein Meislein ruft:
Gute Nacht!

Der Igel

Am Abend, wenn's kühler geworden,
Dort unterm Wacholderstrauch
Fühlt Frau Igel sich geborgen,
Ihr Mann und die Kinder auch.

In der Dämmerung Hülle
Geht Herr Igel mit festem Schritt,
Denkt an die Gartenfülle
Frau Igel hält mit ihm Tritt.

Er schreitet mit stiller Würde
Den Gartenweg hinauf.
Es ist schon 'ne große Bürde
Wenn man Kinder hat zu Hauf.

Die kleinen, hungrigen Mäulchen,
Sie wollen gefüttert sein
Ist da nicht ein flinkes Mäuschen?
Schau drüben – dort – hinter dem Stein.

Frau Igel hat's gefunden,
Lässt sich's trefflich munden.
Herr Igel schaut dumm drein
Verflixt – wie kann sie nur so sein.

Noch lang ist die Nacht,
Herr und Frau Igel haben gebracht
Noch manches kleine Mäuselein
Den Kindern im Wacholderhain

Die Hasen

Wenn am Abend still und friedlich
Die Sterne leuchten am Himmelszelt,
Drei kleine Häschen keck und niedlich
Hüpfen hoppelnd über das weite Feld.

Sie schlüpfen durch den Gartenzaun,
Hüpfen und springen um den Baum,
Gar lustig sind sie anzuschauen.
Sie laufen zum grünen Rasen
Im hellen Mondeslicht,
Wollen sie dort etwa grasen?

Aber nein, das glaub ich nicht,
Sie schnuppern mit den Näschen,
Die kleinen kecken Häschen
Zeigen ihr Stummelschwänzchen,
Wagen ein neues Tänzchen.

Und dann ganz keck und munter
Gehen Sie zum Gemüse hinunter
Schnuppern und futtern die halbe Nacht
Das hat mir weniger Freude gemacht.

Doch wer will es ihnen verargen
Denn manches sie verdarben
Sie haben in der Mondscheinnacht
Mir dennoch große Freude gemacht.

Die Bachstelze

Rank und schlank, sehr elegant
Bachstelze mit zierlichem Gang
Schreitet den Gartenweg entlang.
Gar lieblich ist sie anzuschauen,
Kann meine Augen wenden kaum.

Stimmt froh mein Herz
Lindert Kummer und Schmerz.
Schau wie sie pickt,
Tautropfen nippt,
Und mit dem seidigen Schwänzchen wippt.

Sie trägt ein grauweißes Kleidchen
Mit schlicht schwarzen Streifen.
Ich kann nicht begreifen,
Wie hübsch sie drin ist.

Sie ist apart von besonderer Art
Sieht aus wie ein kleiner Aristokrat.
Die Flügel sie breitet
Die anmutigen zarten
Hinüber sie gleitet
In Nachbars Garten

Der Specht

Poch Poch Poch
Still höre doch.
Poch Poch Poch
Hörst Du's noch?

Der Specht ist da
Wie jedes Jahr,
Im Herbst, wenn die Blätter verwehen,
Lässt er sich bei uns im Garten sehen.

Hab's vergessen fast,
Dass er für Tage ist unser Gast.
Doch nun ist er da,
Ich freue mich ja.

So grün ist sein Frack,
Leuchtend rot seine Kapp'.
Er hüpft hier und pocht dort
Schaut herüber und wieder fort.

Was will er nur finden,
Ich kann's nicht ergründen.
Sind's die Beeren die roten
Die ihn herlocken?

Möcht' er erkunden,
Ob sie ihm auch munden;
Doch leider schon bald
Ist er verschwunden,
Drüben im Wald.

Tanzende Lichter

Die Sonne schon sinkt,
Im See dort ertrinkt,
Ihr goldener Schein,
Nacht bricht er herein.
Auf winzigen Wellen,
Ein Springen und Schnellen,
Ein Schimmern und Flimmern,
Ein Glitzern und Sprühen.

Tanzende Lichter,
Sie zittern, verglühen.
Dunkel der See, schweigend und stumm.
Nach tanzenden Lichtern schau ich mich um;
Doch sie sind verschwunden,
Ertrunken im See,
Die Sonne versunken,
Ade, ach ade.

Nur schäumende Wellen,
Die springen und schnellen
Und wispern und flüstern
Und künden dem Wind
Vom schimmernden Licht,
Das tanzt wie ein Kind.

Der Wind, er rauscht und raunt in den Bäumen
Und singt sein Lied, zum Schlafen und Träumen.
Herauf steigt der Mond, sein silbernes Licht,
In wogender, schäumender Welle sich bricht,
Und schimmert und flimmert und glitzert und sprüht
Und tanzt und zittert und sterbend verglüht.

Sturmwind

Dunkle Wolken jagen am Himmel dahin
Und türmen sich zu riesigen Haufen,
Die ringen sich wälzen und raufen.
Und der Wind, der in den Lüften zieht,
Singt ein schaurig schönes Lied,
Treibt die Wolken weiter und weiter,
Der Wind, dieser tollkühne Reiter.

Und dann, ganz leise still und sacht,
Wie ein Kätzchen schleicht in samtdunkler Nacht,
Fallen die ersten Tropfen,
Zart sie ans Fenster klopfen.
Und dann ein Rauschen, Brausen und Sprühen,
Ein Klatschen, Fallen und Prasseln,
Es stürzen die Wassermassen
Hernieder zur Erde,
Dass fruchtbar sie werde.

Entfesselte Gewalten,
Wer kann sie fassen und halten?
Die Bäche springen und schnellen,
Im Strom die Wogen schwellen,
Und der Wind, dieser lose Geselle,
Er reitet auf neuer Welle.
Und rast und faucht und brüllt und heult
Und peitscht im Walde die Bäume,
Deckt ab die alte Scheune,
Zerbricht die morschen Zäune.

Und der stolze starke Eichenbaum
Er stöhnt und zittert, wie im Traum.
Hör sein Klagen, sein Ächzen,
Der Wind pfeift in den Ästen.
Und krachend sinkt er zu Boden
Von neuem die Winde toben
Und reiten wild und verwegen
Der fernen Sonne entgegen.

Klare, stille mondhelle Nacht

Klare, stille mondhelle Nacht
Tausend Sterne in goldener Pracht
Leuchten am hohen Himmelszelt
Silbern gleitet das Mondlicht zur Welt.
Still ruht der Wald und schweigend
Über dem Bach sich zärtlich neigend.

Steht knorrig der Weidenbaum
Versunken liegt die Welt im Traum.
Aus dunklen Tälern steigen
Zarte Nebelschleier empor,
Bedecken mit kühlendem Leinen
Wald, Wiesen, Felder und Moor.

Still hält die Nacht umfangen
In ihrem bergenden Arm
Der Menschen Hoffen und Bangen.
Den Kummer, die Sorgen, den Harm
Da! – über fernen Hügeln
Schimmert ein heller Schein.

Wo ist die Nacht geblieben,
Waldvögel singen im Hain
Hoch über'm grünen Rasen
Klingt süß der Drossel Schlag.
Am Himmel die Sterne verblassen
Erwacht ist der lichte Tag.

Abenddämmerung

Die Sonne ist zur Ruh' gegangen,
Leis' sinkt herein die Nacht;
Rosa Wölkchen hoch am Himmel prangen,
Wandern langsam still und sacht.

Verglüht ist leuchtend' Abendrot
Verblasst der Purpurschein;
Kinder beten fromm zu Gott
Schlüpfen müd' ins Bett hinein.

Ernst raunt der Wald sein dunkles Lied,
Blau Veilchen nickt im Traum.
Unheimlich wispert's drauß' im Ried.
Still! Horch, du hörst es kaum.

Der Mond mit seinem Silberlicht
Ist rund und voll zur Stell'
Goldne Sterne, ach du zählst sie nicht
Schimmern, funkeln, leuchten hell.

Wie ein strahlend weißer Diamant
Eine Trän', geweint vor Glück,
Dämmerschleier über'm Land,
Stille kehrt zurück.

Dunkle Nacht so weit und lind
Hüllt ein das Glück, den Schmerz;
Heimlich leis, der Abendwind
Singt Frieden dir ins Herz.

Gedanken zum Umgang mit der Natur

Dunkle Nacht weit und fern
Träume, still leuchtende Stern'.
Der Mond geht auf die Reise,
Blickt still und mild und weise
Hinunter auf die Welt.
Ihr armen Menschenkinder
Was seid ihr nur für Sünder.

Was habt Ihr angestellt
Mit dieser schönen Welt,
Die euch der Herr gegeben
Zur Arbeit, Freude, Leben
Hat er sie hingestellt,
Zum Segen für die Welt.

Doch ihr habt sie geschunden,
Geschlagen tiefe Wunden.
Getötet Frieden, Liebe
Im hast'gen Weltgetriebe.
Greift gar nach Mond und Sternen
Und müsst doch endlich lernen
Wie man die Welt erhalten
Zum Werden und Gestalten.

Der Mond hat in dieser Nacht
So ernst und traurig nachgedacht;
Voll Kummer und mit Sorgen
Grüßt er den neuen Morgen.

Naturbeobachtung

Auch heute noch schöpft
Frau Hofmann
Kraft in der Natur.

*Hier unterwegs im
Stadtpark, mit Alesia*

Der Mond

Die Sonne hinter den Bäumen versinkt,
Hell der Abendstern am Himmel blinkt.
Der Mond geht auf die Reise, blickt still
Und mild und weise hinunter auf die Welt.
Zwei kleine Mädchen, blond und fein,
Kommen von der Schule heim,
Blicken hinauf zum Silbermond,
Der so friedlich dort am Himmel wohnt.

Bleiben dann verwundert stehen;
Ja haben sie denn recht gesehen?
Der Mond geht mit Ihnen mit,
Hält mit den kleinen Füßen Schritt.
Sie sehen sich an, drehen sich dann auf
Seltsame Weise langsam im Kreise.

Laufen miteinander drei Schritte zurück,
Auf den Gesichtern strahlendes Glück.
Hüpfen und springen aneinander vorbei,
Voller Freude mit lautem Geschrei.
Es ist doch wirklich kurios,
Wie macht der liebe Mond das bloß?

Er geht mit vor und mit zurück,
Begleitend die beiden Schritt für Schritt.
Kann gleichzeitig vor und rückwärts gehen?
Wie kann man denn das nur wieder verstehen?
Die Kinder vergessen Zeit und Raum.
Sie gehen versunken, wie im Traum.
Die Menschen hasten eilig vorbei,
Kinderträume sind Ihnen einerlei.

Wie glücklich doch die Kinder sind.
Wie wenig Ihnen Freude bringt.
Haben Sie doch allein entdeckt,
Etwas, das ihr Interesse geweckt.

Neubeginn

Hört ihr Leut, es ist soweit,
Das alte Leben – Vergangenheit.
Viele Jahre sind vergangen,
Und Hoffen und mit Bangen
Bin zum Umzug ich bereit.
Was bringt die Zukunft, bange Frage
Sind es gute oder schlechte Tage?

Voller Glück und stiller Freud
Oder Kummer, Sorgen, Schmerzen, Leid?
Doch vorbei sind jene Tage
Mit ihrer Mühe, Last und Plage,
Heute heißt es Koffer packen, Kisten schleppen,
Bis ausgeräumt die letzten Ecken.

Heute zieh ich aus,
Aus meinem stillen Haus.
So viele Jahre lebte ich dort
Und heute geht's für immer fort
Ziehe in ein neues Heim,
Dort werde ich nicht einsam sein.

Darf nun von vieler Arbeit ruhn,
Ach wie gut wird mir das tun.
Andere werden für mich sorgen,
Ich fühl mich wohl und gut geborgen.

Doch erst heißt's wieder Kisten schleppen
Bis gefüllt sind alle Ecken;
Endlich, die Arbeit ist vollbracht,
Und ich, ich bin total geschafft.

Unser Garten

Auf die Schaukel ich mich schmiegte
Einst, als kleines Kind;
Hoch in den Lüften mich wiegte
Umgeben von Sonne und Wind.

Ich blickte hinab auf das Bächlein,
Das plätschernd den Garten umgab;
Zum klaren Wasser führten drei steinerne Stufen hinab
Dort liefen wir wohl tripp und trapp,
So viele Male auf und ab.

Und suchten im klaren Wässerlein
Viel' tausend bunte Kieselstein.
Wir ließen die Schifflein schwimmen
Ganz einfach nur aus Papier
Und sahen die Fische springen,
Voll Freude staunten wir.

Jeden Sonnenstrahl wir erhaschten
Von den süßen Beeren naschten,
Nach Hasel- und Walnuss uns bückten
Äpfel, Birn' und Kirschen pflückten.
Und hast Du die Blumen gesehen,
Die in unserem Garten stehen?
Mit ihrer bunten Pracht
Haben sie ihn erst wirklich schön gemacht.

Wie war es zu Hause im Garten
Doch einstmal so herrlich süß,
Die Eltern schafften und bewahrten
Ein Kinderparadies
Ich hörte das Wasser rauschen,
Wohl über Stock und Stein.
Konnte dem Lied der Mühle lauschen
Oh schöne Heimat mein.

Biografie

Heimat
(Siddessen, Kreis Höchster an der Weser, Nordrhein Westfahlen)

Im grünen Wiesentale, wo Neth' und Oese fließen
Die stillen dunklen Wälder so ernst herüber grüßen,
Wo auf weiten Feldern so golden steht das Korn,
Da ist meine Heimat, dort bin ich einst gebor'n.

Die kleine alte Schule, romantisches Fachwerkhaus,
Wie liefen wir so fröhlich, so munter ein und aus,
Denn diese alte Schule war unser Elternhaus.
Hier konnten wir einst spielen,
So glücklich und unbeschwert,
Mit unsern Freunden, den vielen,
Hab nie mehr von ihnen gehört.

Ich hör' der Oese leisen Rauschen,
Ihr Murmeln, Rinnen, Raunen,
Ihr Singen und ihr Sagen
Aus längst vergangenen Tagen,
Ein gar wundersames Lied.
Wie liebte ich diese Lieder
Ich wünscht', ich hörte sie wieder.

Doch vorbei ist jene Zeit
Schon lang Vergangenheit.
Die Schule ist verschwunden,
Die Mühle und manch Haus.
Leis' in den Abendstunden
Die Glocken klingen aus.

Der Wind spielt in den Bäumen.
Ich blick hinab ins Tal,
Wie tröstlich ist's zu träumen,
Ich grüß dich tausendmal.

Unsere Anna

Vor vielen, vielen Jahren, als ich ein Kind einst war,
Da lebt' bei uns ein Mädchen mit lockig braunem Haar.
Ich weiß nicht mehr, ob schön es war
Oder ob vielleicht auch nicht.

Ich weiß nur, unsere Anna ließ niemals uns im Stich
Was immer wir auch angestellt,
In kindlichem Übermut,
Anna schafft' es aus der Welt,
Gleich war alles wieder gut.

So froh und heiter sie schaffte,
Ob Sonn-, ob Feiertag,
Bei uns Kindern wachte,
Wenn eins krank im Bettchen lag.
Sie half in Haus und Garten,
Im Feld und auf der Flur
Lies uns Kinder niemals warten,
Wir liebten sie dafür.

Ich weiß nicht, was aus ihr geworden
In langer, langer Zeit
Und ob sie gesund noch auf dieser Erde weilt
Doch werd ich sie nie vergessen,
Wie lang ich auch leben mag;
Für Ihre Lieb' und Güte ich heute Danke sag.

Unsere Anna, *Teil 2*

Ich hab Anna heut wieder gesehen,
Nach langer, langer Zeit.
Kannst Du meine Freude verstehen,
Ihr Herz war so offen, so weit.

Ich erfuhr von schwerem Leben,
Von Arbeit, Sorgen, Not,
Die Gott der Herr gegeben,
Von Krankheit, Krieg und Tod.

Fünf Kinder hat Anna geboren,
In dieser schweren Zeit,
Mann und Tochter früh verloren,
Oh mein Gott, welch Herzeleid.

Doch wie schwer auch ihr Leben gewesen,
Wie sehr auch manch Kummer genagt,
Immer tapfer ist Anna gewesen,
Voll Vertrauen und unverzagt.

So hat sie ihr Leben gemeistert,
So mutig und ach – so allein,
Hat ihren Kindern allen
Geschaffen ein freundliches Heim.

Ich musste sie bald wieder verlassen,
Fahren in die ferne Stadt,
Mit den stillen winkligen Gassen,
Mein Herz sich so sehr gefreut hat.

Tante Nolte

Ich hab eine Frau gekannt,
schlicht Tante Nolte genannt.
In schwerer Zeit war sie zu helfen bereit
Als wir noch so winzig klein.

Geboren so eben das Schwesterlein
Die Mutter schwach und fieberkrank,
Verzweifelt mit dem Tode rang.
Da nahm sie den Haushalt in ihre Hand,
Dem Vater sie tapfer zur Seite stand.

Wir Kleinen verlassen, dass Gott erbarm'
Uns nahm sie sicher und fest in den Arm
Drückt uns liebevoll ans Herz,
Trocknet die Tränen, lindert den Schmerz.
Nahm auf sich alle Müh' und Plag'
Den lieben langen schweren Tag.

Blieb bei uns viele Wochen,
Wie sie's der Mutter hat versprochen.
Ließ immer wieder neu uns hoffen,
Was wär nur geworden, ohne ihr Sorgen,
Nun waren wir geborgen.

Nach vielen Jahren, wir waren längst fort
Und lebten an einem anderen Ort.
Die Mutter erzählte uns ganz genau
Von dieser hilfsbereiten Frau.

Und sie, die sie doch so gut kannte
Einen Menschen voller Liebe nannte.
Nun möchte ich dich fragen,
Kann man in unseren Tagen
Von einem Menschen Schöneres sagen?

Kinderzeit

Wo ist sie geblieben, die Welt meiner Kinderzeit
Die stets voller Heiterkeit mein Herz hat erfreut,
Die dunklen Wälder, mit Blumen und Beeren
Und den Tieren so scheu.

Das warme Sonnenlicht
Es zitternd im Bach sich bricht,
Der rinnt und rauscht über Stock und Stein
Und murmelt und raunt so wundersam fein,
So geheimnisvoll süß, so lieblich und rein,
Eine zarte, kleine Melodei.

Die weiten Täler und die Hügel so grün,
Die wogenden Felder mit Kornblumen blau,
Im Wind sie sich wiegen und hören das Lied
Der alten Mühle.
Deren Rad im klaren Wasser sich dreht,
Um zu malen das goldene Korn zu Mehl.
Doch nun – das Mühlrad steht still
Traktoren rattern und knattern dahin
Und töten die Stille, die sanfte und milde,
Die Trost gibt und Kraft und Freude und Glück.

Am Waldrand dort, die neue Fabrik,
So hässlich und grau, schluckt Menschen,
Die müde und gleichgültig gehen,
So bittere Fron,
Freudlos und mutlos sie verrichten ihr Tagwerk
So grau ist das Tal, so trostlos die Welt.

Menschens Schicksal

Kummer und Sorgen,
Freude und Glück
Sind eines jeden Menschen Geschick
Kummer und Sorgen,
Wo bin ich geborgen?

So dunkel die Stunden,
Hab' dennoch gefunden
Glaube und Hoffnung,
Freude und Glück.
Liebe bracht' mir
Den Frieden zurück.

Liebe – licht und hell –
Ward mein Leben,
Liebe hat neuen Sinn ihm gegeben
Liebe soll stets
Mein Begleiter sein
Führt in ein menschliches Leben hinein.

Inigo, sei herzlich willkommen in dieser Welt
(Urenkel von Frau Hofmann)

Ein kleiner Stern am Himmel steht,
Dieser Stern bist Du, mein liebes Kind.
Wohin dein Lebensweg auch geht,
Meine Gedanken allzeit bei Dir sind.

Ich möchte Dir Liebe, Freude, Geborgenheit schenken,
Dich begleiten, Dich leiten, Dich führen, Dich lenken,
Dir zeigen die große weite Welt,
Die so vieles einst bereit Dir hält.

Vergiss nie die Liebe, die die Familie Dir gab,
Sie hilft überwinden manch Ungemach.
Sie gibt Trost und Kraft und Selbstvertrauen,
Auf diese Liebe kannst immer Du bauen.

Verlier nie den Mut,
Sie hilfsbereit, gut.
Du leuchtender Stern am Himmelszelt,
Sei herzlich willkommen in dieser Welt.

Inigos Geburtstag

Ein Kindlein, so zart
Von besonderer Art
So winzig und klein,
So sanft und so fein,
Mein Sonnenschein.

Schaust mit großen Augen mich an,
Lächelst dann,
Mein Herz jubelt und singt,
Vor Glück fast zerspringt.
Sag hörst Du das Lied
Das in den Schlummer dich wiegt:
„schlafe selig und süß, schau ins Traumparadies"

Ich singe

Sag, hörst Du mein Singen
Und hörst Du es klingen?
Ein Lied so still und so rein.
Ich wiege mein Kindlein,
So winzig und klein
Singt die Liebe ins Herz dir hinein.

Möchte alle Liebe dir geben,
Dich begleiten im Leben,
Du Kindlein zart und so fein.
Oh höre mein Singen
Und höre es klingen,
Sing alle Liebe ins Herz dir hinein.

Gedicht zur Geburt meiner Enkelin Andrea

Eh' ich's gedacht,
Fast über Nacht,
Bist Du aus einem Traum erwacht.
Und warst doch gestern noch so klein,
So sanft, so zart und ach so fein,
Ein wunderbares Kindelein.

Musst heute brav zur Schule gehen,
Möchst von der Welt einst vieles sehen
Und morgen fest im Leben stehen.
Vergiss nicht, wie die Menschen sind,
Wie ein treibend Blatt, im kühlen Wind,
Behüt' dich Gott, mein liebes Kind.

Geburtstagsgedicht für meine Tochter

Geburtstag heute, frohes Fest,
Ein jeder wünscht dir nur das Best'!
Gesundheit, Glück, ein langes Leben
Mag das Schicksal Dir einst geben.
Du hast gelebt schon viele Jahr'
Und schaust zurück, wie schön es war.

Das Leben groß und wunderbar,
Es schenkt Dir Frieden, Glück und Freud,
Und Tage voller Heiterkeit
Es brachte Arbeit, Sorge, Not,
Krankheit, Schmerz und frühen Tod.

Du hast geholfen, hier und dort,
Oft reichte schon ein gutes Wort,
Das Hoffnung gab und Selbstvertrauen,
Auf deine Hilfe konnt' stets ich bauen.

Doch vorbei sind jene Tage
Mit all der Mühe, Last und Plage.
Heut' an deinem Ehrentag
Du dich von Herzen freuen magst.
Wir wünschen Dir auf allen Wegen,
Dass dich begleiten Glück und Segen.

Geburtstagsgedicht für Andrea, *meiner Enkelin, 12 Jahre*

Andrea hat Geburtstag heut'
Da freuen sich alle lieben Leut,
Die Großen und die Kleinen
Niemand darf heut weinen.

Da kommen sie gegangen,
Die süßen, kleinen Rangen,
Hübsche Kleidchen sie heut' tragen,
In den Händen liebe Gaben.

Heut' wollen sie lachen und fröhlich sein,
Sich an den Geschenken freuen,
Lustig sein, bei Spiel und Spaß,
Ach wie schön wird das.

Die lieben kleinen Gäste
Wünschen das Allerbeste,
Gesundheit, langes Leben,
Viel Glück und reichen Segen.

Konfirmation

Erwachsen werden
Und ein rechter Mensch auf Erden,
Heut' an deinem Ehrentag
Gratuliert ein jeder, der dich mag.

Denk daran, Du Menschenkind,
Dass wir in Gott geborgen sind
Der uns führt durch Raum und Zeit,
Geleitet zur Unendlichkeit.

Danke

Die Sonne scheint, die Sonne lacht,
Heut ist ein wunderschöner Tag,
Da hab ich still bei mir gedacht.
Heut sollt' ich einmal Danke sagen
Für alle Hilfen, alle Plagen.

Du hast geholfen hier und dort,
Oft half auch schon ein gutes Wort,
Das Hoffnung gab und Selbstvertrauen,
Auf deine Hilf' konnt' ich stets vertrauen.
Drum wünsch' ich Dir ein langes Leben
Gesundheit, Glück und Gottes Segen.

Hochzeit

Hochzeit heute, frohes Fest,
Ein jeder wünscht Euch
Nur das Best'.
Glück, Erfolg und langes Leben
Mag Euch das Schicksal allzeit geben.

Es schenkt Euch Liebe, Frieden, Freud
Und Tage voller Heiterkeit.
Doch jedes Leben auch begleiten
Stille, dunkle, schwere Zeiten.

Doch treu zueinander stehen,
Die dunklen Wolken bald vergehen.
Eure Liebe sei bereit,
Einander zu helfen jederzeit.

Drum sollt ihr heute fröhlich sein
Und Euch recht von Herzen freuen,
Gemeinsam neue Wege gehen,
Gelassen in die Zukunft sehen.

Zwei Freunde

Sommertag und Sonnenschein,
Im Garten spielt ein Kind allein,
Formt mit fester kleiner Hand
Zarte Kuchen, aus goldenem Sand.

Auf die Schaukel schmiegt sich das Kind,
Hoch in den Lüften wiegt's der Wind.
Spielt im goldenen Lockenhaar,
Die Sonne lacht, wie schön das war.

Drüben, aus dem Nachbarhaus,
Schaut ein kleiner Hund heraus,
Springt fröhlich hin, zum Kinde,
Dass es Freude mit ihm finde.

Denn Kind und Hund die beiden,
Die können sich gut leiden.
Sie spielen und tollen den ganzen Tag,
Schau hin, dein Herz sich freuen mag.

Doch eines Tages, oh Schreck, oh weh
Was ist denn das, was ich da seh?
Kann ich denn meinen Augen trauen,
Steht wirklich dort ein hoher Zaun?

Der Hund, er winselt drüben,
Das Kind steht starr herüben,
Schaut traurig und voll Sehnen
Und langsam rinnen Tränen.

Ums Herz ist ihm so Angst und Bang,
Verzweifelt läufst am Zaun entlang;
Ist denn nirgends eine Lücke?
Die führt zu neuem Glücke?

Da plötzlich saust das Kind zum Sand,
Nimmt eine Schaufel in die Hand,
Und gräbt und gräbt ein Loch, so tief,
Und der Hund er scharrt, dass die Erde fliegt.

Schlüpft unterm Gartenzaun hervor
Von Dreck so schwarz, wie aus dem Moor,
Springt fröhlich hin zum Kinde,
Dass es Freude wieder finde.

Denn Kind und Hund, die beiden,
Die können sich gut leiden
Sie spielen und tollen den ganzen Tag,
Mein Herz vor Freude singen mag.

Der Dieb *(Einbruch bei meiner Tochter)*

Es braust der Sturm, es pfeift der Wind
Leergefegt die Straßen sind.
Still, horch, war da nicht irgendwas,
Es splittert Holz, es bricht das Glas.
Gib acht mein Kind, gib acht,
Hast an Einbrecher schon gedacht?

Der Dieb, er steigt hinein ins Haus,
Räumt Schubladen und Schränke aus.
Ringe, Kettchen, Silberreif, Münzen, Geld
Da nimmt er gleich die gold'ne Uhr in seine Hand,
Hat eben noch geschmückt die Wand.

Papiere durcheinander fliegen,
Den Fotoapparat, den lässt er liegen.
Das Scheckheft hier und dort den Pass,
Das ist kein Witz, das ist kein Spaß.
Halt ein mein Freund, halt ein,
Die Dinge sind nicht dein.

Da, der Dieb steht still und hört,
Mutter und Kind sind heimgekehrt
Vergessen Axt, Pinzette, Scher',
Schraubenschlüssel und noch mehr;
Schnell eilt er zur Terrassentür dort
Auf leisen Sohlen schleicht er fort.

Die Mutter, sie steht totenbleich
Nimmt in den Arm ihr Kind sogleich.
Wie konnt das Schreckliche geschehen?
Ist doch der Wert, der materielle
Geringer als der ideelle.

All die hübschen kleinen Dinge,
Die dem Menschen Freude bringen,
Geschenke einst, von Mann und Kind
Fort, verweht im Sturm und Wind.
Präsente von Freunden und Bekannten
Und manch lieben Anverwandten.

Erinnerung barg ein jedes Stück
Wird sie's bekommen je zurück?
Knapp eine Stunde war sie fort,
Verwüstet nun ihr Heim, ihr Hort.
Und doch Glück war's auch in Schreck und Not
Sie leben dank Dir, großer Gott.

Anmerkung:
Meine Tochter hat fast alles wieder zurückbekommen, denn der Dieb wurde nach mehreren Einbrüchen auf frischer Tat ertappt.

Die Versuchung

Draußen, am Rande der großen Stadt,
Dort, wo jedes Haus einen Garten hat,
In dem bunte Blumen üppig blühen,
Kinder fröhlich miteinander spielen.

Da wohnt ein Mädchen blond und fein
Und ist doch oftmals einsam, allein,
Wie könnte es auch anders sein.
Denn die Mutter lebt mit den Kindern allein.

Am Tag sie muss zur Arbeit gehen,
Kann nicht nach ihren Kindern sehen.
Das kleine Mädchen, blond und gescheit
Geht zum Kaufhaus, der Weg ist nicht weit.

Neugierig geht's von Stand zu Stand,
Jetzt hält's ein Püppchen in der Hand;
Lässt's gleiten in ihr Täschchen geschwind,
Tief atmet auf, das leichtsinnige Kind.

Schnell fort, nur fort
Von diesem ach so verlockenden Ort
Da fühlt's eine Hand auf seinem Arm
Das Kind erschreckt, dass Gott erbarm.

Oh Gott, was hat es nur angestellt,
Könnt's doch verschwinden von der Welt.
Voll Scham wird's ihm kalt und heiß,
Es plötzlich von seinem Fehler weiß.

War's denn von Sinnen,
Was soll's nur beginnen.
Zum Glück lässt man's fort
Mit ernst mahnendem Wort.

Benachrichtigt die Mutter per Telefon.
Zu Hause voll Sorge sie wartet schon.
Einsam, verstört irrt das Kind umher
Voller Scham und Reue, das Herz so schwer.

Wie soll es der Mutter nur sagen,
Was im Kaufhaus sich hat zugetragen.
Du töricht' Kind, willst sein so gescheit
Und läufst nun fort, so weit, so weit.

Kehr um, kehr um,
Sei nicht so dumm!
Zu Hause die Mutter ist doch bereit,
Zu helfen Dir, zu jeder Zeit.

Sei tapfer, hab Mut, komm, alles wird gut.
Jeder Mensch mal einen Fehler macht,
Hast Du denn daran nicht gedacht?
Sicher wartet ein Vorwurf auf Dich.

Er ist doch gerecht,
Oder findest Du nicht?
Bald wird die Strafe vorübergehen,
Kannst wieder froh ins Leben geh'n.

Denk daran, schon mancher Mann,
Der heute groß und mächtig ist,
Hat einst als Kind das gleiche getan.
Doch sein Fehler er nie vergisst,
Drum gefeit er heut im Leben ist.

Verloren

Dideldideldum, dideldideldum
Hastig im Kreis herum
Dreht sich das Karussell,
Schau nur, wie schnell
Sche sche sche
Schau Dir es an,
Die Achterbahn saust dort heran.
Welch ein Trubel, Rufen, Jubel,
Ein Getriebe und Geschiebe,
Ungezählte Menschenmassen
Wogen durch die Budengassen.

In der Menge, im dichten Gedränge
Steht eine Mutter, gekommen vom Land,
Mit ihren drei Kindern an der Hand.
Sie möchte ihnen eine Freude machen,
Drum dürfen sie heut naschen und lachen
Und schauen sich um, Dideldideldum Dideldideldum.
Lustig im Kreis herum
Fahren sie schnell mit dem Karussell
Nun bleibt es stehen, ach war das schön,
Nun dürfen sie sehen,
Wie andere fröhlich im Kreise sich drehen.

Dideldideldum, dideldideldum,
Das kleine Mädchen schaut sich um,
Möchte erfragen, ob es noch einmal darf mitfahren
Aber, oh Schreck,
Die Mutter mit den Geschwistern ist weg
Das Kind es schaut,
Seinen Augen nicht traut.

Dideldideldum, schau dich nicht um
Oh mein Gott, oh mein Gott, welch große Not
Das Gesichtchen schneeweiß,
Auf der Stirn kalter Schweiß.

So schwer das Herz,
Voll Kummer und Schmerz,
So steht das Kind, verloren, allein,
Wo können nur die anderen sein?

Wo soll es sie suchen?
Vor Angst möchte es rufen,
Und verzweifelt laut schrei'n,
Es presst die Hand auf den Mund
Steht still und stumm.

Die Augen, die braunen,
Entsetzt auf vor Staunen,
Erste Tränen rinnen,
Was soll's nur beginnen?

Die Menschen, sie hasten achtlos vorbei,
Hört niemand des Kindes lautlosen Schrei?
Sieht niemand seine verzweifelte Not?
Hilfe wäre dringend not.

Das Kind, so tapfer und ach so klein
Steht im Gedränge, einsam allein.
Im Herzen leise die Hoffnung spricht,
Die Mutter, sie vergisst mich nicht.
So harret es aus, an jenem Ort,
Läuft nicht von der Stelle fort.

Und dann!
Die Mutter hält ihr Kind im Arm
Und drückt es sicher, fest und warm
An ihr liebevolles Herz.
Vorbei der Schmerz,
Vergangen die Not!
Ich danke Dir Gott,
Oh danke mein Gott

Zum Wiedersehen

Sag, weißt Du noch, als wir einst Kinder waren,
Vor langer Zeit und vielen, vielen Jahren,
Da haben wir wohl dies und das und jenes angestellt
Und keck gefragt, „was kostet diese Welt?"

Sag weißt Du noch, von jener Kinderzeit?
Die lang vorbei und schon Vergangenheit.
Wir gingen froh und munter und lachend in die Welt
Und niemand hat uns je von Krieg und Tod erzählt.

Sag weißt Du noch so viele, viele Fragen
Aus längst vergangenen Tagen,
Die niemals wiederkehren.

Doch heut, nach 50 Jahren,
Wir hier beisammen sind.
Fast alle, alle kamen.
Manch Freund ich wieder find
Nach 50 langen Jahren,
Wie schnell verging die Zeit
So glücklich wir einst waren,
Zu Spiel und Spaß bereit.

Wir gingen brav zur Schule
Und lernten nun – naja mal mehr
Und auch mal weniger,
Wie's wohl überall geschah.

Als älter wir geworden,
Ging's in die Welt hinaus.
Manch Hoffnung ist gestorben,
Leb wohl, mein Vaterhaus.

Wir erlebten Krieg und Frieden,
Fühlten Ängste, Sorgen, Not
Wo ist das Glück geblieben,
Um uns nur Kampf und Tod.

So viele mussten sterben,
Jung, stark, voll Lebensmut,
Der Krieg, er bracht Verderben,
Zerstört der Menschen höchstes Gut.

Doch weiter geht das Leben
Und bracht uns Arbeit, Brot,
Es schenkte uns den Frieden,
Nahm fort die größte Not.

Er gab uns Glück und Segen,
Tage voll Sonnenschein;
So ist das Menschenleben
Bringt Freude uns und Pein.

Der Vergangenheit gedenken
Wir häufig, oft und gern;
Die Zukunft mag uns schenken
Den Segen unseres „Herrn"

Verlorene Freundschaft

Ich hat eine Freundin viele Jahr,
Wir spielten und lachten und waren gar
Zu manchem lustigen Unsinn bereit;
Ein jeder Tag brachte uns neue Freud.

Zur Schule wir miteinander gingen,
Konnten viel Zeit gemeinsam verbringen.
Wir lernten zusammen Jahr um Jahr,
Ein jeder war für den anderen da.

Doch eines Tages, da schautest Du fort,
Liefest hinüber, zu jenem Ort,
Da Du eine neue Freundin gewonnen
Ist unsere Freundschaft denn gänzlich verschwunden.

Ich stand traurig, verlassen und ach so allein
Und wollt doch so gerne bei Dir sein
Ich kann's nicht begreifen, ich kann's nicht versteh'n,
Musst wirklich Du andere Wege gehen?

Was hab ich getan, ich kann es nicht fassen,
Dass Du mich so einfach hast verlassen,
Verloren die Freundschaft, verloren dies Glück.
Wird es jemals kehren zu mir zurück?

Dunkle Wolken

Dunkle Wolken,
Tropfender Nebel,
Stumme Gestalten,
Zittern und beben,
Seht, oh seht-!
Bittere Tränen rinnen
Die fahlen Wangen hinab.

Schmerz, oh Schmerz,
Kummervoll Herz,
Peitschender Knall,
Widerhall
Tote sinken hinab ins Grab

Sehnsucht

Glocken klingen in der Nacht
So sanft, so zart, so rein;
Mein Herz, es hat an dich gedacht,
Möchte so gern bei Dir sein.

Der Krieg, er führt dich von mir fort
Weit in ein fernes Land,
Oh sag mir nur ein einzig Wort
All mein Glück ich bei Dir fand.

Ich höre deine Stimme nicht,
Fühl ein wehes, schmerzlich Sehnen.
Die ganze Welt in Scherben bricht,
Wer trocknet unsere Tränen?

Oh Gott unser Vater im Himmel Du,
Lass Enden dieses Morden;
Gib den Menschen Fried und Ruh
Sei Retter uns geworden.

Ein Herz bricht entzwei

Eine Seele, die weint, wer trocknet die Tränen?
Eine Seele, die weint, sag fühlst Du ihr Sehnen?

Eine Seele, die weint, ein Mensch fast zerbricht,
Eine Seele, die weint, sag' findst Du sie nicht?

Hörst nicht ihren stummen, verzweifelten Schrei?
Eine Seele, die weint, ein Herz bricht entzwei.

Die ersten Schuhe

Vorbei ist der Krieg, vorbei ist die Zeit,
Die den Menschen brachte nur Kummer und Leid.
Nur der Hunger, der dauert lange noch an,
Und die Frage, was zieh ich dem Kind denn nur an.

Wie kann es denn laufen auf kaltem Gestein
Mit bloßen Füßen, so winzig und klein.
Doch da ist eine Frau,
Sie zögert nicht lang,
Sie holt ein Stück Leder aus ihrem Schrank,
Lässt arbeiten daraus eilig, geschwind
Ein paar Schuhe, für das kleine Kind.

Die Mutter, als sie die Schuhe bekommen,
Hat vor Freude ihr Kind in die Arme genommen,
Ist glücklich und zu Tränen gerührt,
Denn da ist ein Mensch, der Mitgefühl spürt.
Das Kind, es hat die Schuhe getragen
An vielen warmen und kalten Tagen.

Als es groß ward, da hat's von der Mutter vernommen,
Woher seine ersten Schuhe gekommen,
Damit es im Leben nie vergisst
Wie wertvoll Hilfsbereitschaft ist.
Ein paar Schuhe, gegeben in schwerer Zeit
Symbol für Güte und Menschlichkeit.

Und kennst Du den Namen der gütigen Frau
Ich schreib' ihn hier nieder, liest Du ihn genau.
Der Name schlicht Frau Döring war,
Kann sagen nach so vielen Jahren,
Werd nie sie vergessen in meinem Leben,
Möge Gott ihr Glück und Segen geben.

Abschied von der Mutter

Geborgen in Gottes Liebe
Geführt durch seine Hand,
Die geliebte Mutter
Erlöst ich heute fand.

Ihre Seele kehrt heim in Gottes Reich
Zu Frieden und ewigem Leben,
Das Gott, unser Vater ihr also gleich
In seiner Güte gegeben.

Tod einer Mutter

Tod, Tod, oh hörst Du dies Wort,
So dunkel, so ernst und so schwer.
Gott rief meine Mutter und führte sie fort;
Ich fühl' ihre Liebe nicht mehr.

Sie verlies diese Erde, das Glück und das Leid
Und war voller Wehmut und Trauer bereit,
Zu folgen dem Rufe des Herrn
Und hätt' doch gelebt noch so gern.

Weh, weh, ach so weh ist mein Herz,
So traurig, verlassen und leer.
Sag' fühlst Du den verzweifelten Schmerz,
Die Mutter, ich miss' sie so sehr.

Ihre Seele geborgen in Gottes Hand
Zu Frieden, Freude und Liebe fand,
Zu Glück und ewigem Leben
Durch seine Gnade ihr gegeben.

Trost, ja Trost ist dies Wissen für uns,
Die wir auf Erden geblieben,
Bewahren in unserer Erinnerung
Ihr Sorgen, Hoffen und Lieben

Einer Mutter Trauer

Dunkle Nacht, einsam allein
Wacht eine Mutter am Totenschrein.
Ihr Sohn vor vielen Jahren geboren,
Seine Seele verließ Zeit und Raum,
Kehrte heim in den göttlichen Traum.

Zu Frieden und Freude und ewigem Leben
Durch Gottes Gnade ihm gegeben,
Verlies diese Erde das Glück und das Leid
Und war voller Wehmut und Trauer bereit
Zu folgen dem Rufe des Herren.

Und hätt' doch gelebt noch so gern.
Die Mutter, sie betet leise und still
Voller Schmerz ergeben in Gottes Will'
Oh mein Kind, oh mein Kind,
Wo kann ich dich suchen?

Oh höre, oh höre, oh höre mein Klagen, mein Rufen,
Wo kann ich dich finden, an welchem Ort?
Oh sag mir nur ein einziges Wort.
Ist da, wo du gespielt einst als Kind,
Als Mann geschafft, bei Wetter und Wind?

Wo Du gegangen durch Wiesen und Wälder,
Bebautest das Land, die Fluren, die Felder.
Oh sieh meinen Kummer und fühle mein Sehnen
Und langsam, ganz langsam rinnen die Tränen
Lindern die größte, verzweifelte Not,
Die Mutter, sie betet im Vertrauen auf Gott.

Tod der Tante

Geborgen in Gottes Liebe
Geführt durch seine Hand
Eine Menschenseele heim zu Gott heut' fand
Weiß war ihr Haar und müde ihr Herz
Von Arbeit, Sorgen und Not
Das Leben gab Freude
Brachte Kummer und Schmerz.

Doch allzeit sie vertraute auf Gott
Ihr Leben, sie gab es in seine Hand
Ließ durch seine Güte sich führen.
Sie liebte die Menschen, das weite Land,
Bunte Blumen ihr Herz konnten rühren,
Nun kehrte sie heim ins Paradies.

Zu Frieden, Freude und Glück,
Wie Gott, unser Vater es einst verhieß,
Nie wird sie kehren zurück.
Und sind wir auch traurig
Und fühlen uns allein.

Ihre Liebe, wir können sie noch spüren,
Im Herzen wird sie immer bei uns sein,
Werden die Erinnerung an sie nie verlieren.
Oh Gott unser Vater im Himmel Du
Gib ihrer Seele die ewige Ruh,
Senk' den Trost in unser Herz hinein,
Bei Dir ihr Herz wird geborgen sein.

Tod der Nachbarin

Sag, hast Du gekannt meine Nachbarin?
Diese liebwerte Frau geht mir nicht aus dem Sinn
Denn ich, ich hab sie gekannt so gut,
Ein Mensch voller Frohsinn und Lebensmut.

Eine alte Dame mit schneeweißem Haar,
Die stets heiter, fröhlich und hilfsbereit war.
Die tapfer angenommen ihr Leben,
Das ihr Freude, Glück und Frieden gegeben.

Mit feinem Humor hat sie überwunden
Manch schwere, schmerzliche, traurige Stunden.
Doch eines Tages, ich kann es nicht fassen,
Ihre Seele hat diese Erde verlassen.

Ließ zurück ihre Lieben, das Glück und das Leid
Und war voller Wehmut und Trauer bereit,
Zu folgen dem Rufe des Herrn
Und hätt' doch gelebt noch so gern.

Ich war bestürzt und tief betroffen,
Doch nach vielen, vielen Wochen,
Da stand ihre Tochter vor meiner Tür
Und brachte mir herzliche Grüße von ihr.

Die kurz vor dem Tod noch an andere gedacht,
Das hat mich froh und so traurig gemacht,
Und lang, ach so lang hab ich ihrer gedacht.
Möge Gott ihr Frieden und Freude geben
Und durch seine Gnade das ewige Leben.

Die Kur

Als ich einst krank, voll Schmerzen war
Fuhr ich hinaus in die weite Baar
Kehrte in ein kleines Städtchen ein,
Das konnte nur Bad Dürrheim sein.

Beim Kuren hüllt man mich warm ein,
Lässt dann ein Weilchen mich allein,
Die Wärme ist so wohlig gut,
Ich finde wieder neuen Mut.

Im Wasser schwimm ich hin und her,
Fast jeden Tag ein wenig mehr;
Gymnastik, Massagen, an manchem Tag,
Ich hoffe, dass alles helfen mag.

Geh oft spazieren, im dunklen Tann,
Ruh' in der Sonne aus mich dann,
Blick hinab, ins stille Tal,
Singt dort am Bach Frau Nachtigall?

Die Sonne hinter den Hügeln versinkt,
Friedlich die Abendglocke klingt,
Durch grüne Wiesen geh ich heim
Bei der Abendröte purpur Schein.

Die Wochen wie im Flug verwehen
Muss morgen wieder heimwärts gehen.
Ich danke der lieben kleinen Stadt,
Die mir so sehr geholfen hat.

Frühlingsanfang

Wenn blau das kleine Veilchen blüht,
Klingt süß der Amsel Liebeslied;
Schwebt weich und zart zu mir herüber,
Frühling wird's nun endlich wieder.

Die Luft ist lind und mild und lau,
Der weite Himmel strahlend blau,
Die tiefen Täler leuchten grün,
Die Vögel wieder heimwärts ziehen.

Vom Schlaf erwacht ist die Natur,
Es grünt und blüht in Feld und Flur.
Das Bächlein plätschert, rieselt, rinnt,
Der Wald raunt leis' im Abendwind.

Die Tiere treten scheu hervor
Aus dem grünen lichten Blättertor,
So leicht und heiter ist die Welt,
Die Hoffnung sie so froh erhält.

Frühlingswind

Ein Blümlein ich am Wege fand,
Stand so allein am Waldesrand,
Die Sonne hat es wach geküsst,
Ein Schmetterling es froh begrüßt.

Das Blümlein neigt sein Köpfchen,
Horch, süß erklingt sein Glöckchen.
Der Frühling ist gekommen,
Der Wind er hat's vernommen.

Er wiegt das Blümchen sanft und sacht,
Flüstert leise gute Nacht,
Dann geht er auf die Reise,
Singt eine neue Weise.

Gleitet über Berg und Tal,
Es klingt sein Lied wohl überall:
Habt ihr schon vernommen?
Der Frühling ist gekommen!

Der Bach, der hört sein Singen,
Gar lustig muss er springen,
Rinnt hurtig über Stock und Stein
Bunte Blumen blühen am Wiesenrain.

Im Wald ein frohes Staunen,
Ein Wispern, Flüstern, Raunen,
Ihr Tiere, Pflanzen, Bäume,
Vergesst die Winterträume.

Und weiter weht der Wind
Dort wo die Menschen sind,
Da pocht er an die Scheiben
Rauscht in den alten Weiden.

Springt hurtig um die Ecke,
Schlüpft durch die Dornenhecke,
Zerzaust die braune Heide
Voll Übermut und Freude.

Und leise weht der Wind,
Hoch in den Lüften singt
Ein Vogel hell und klar,
Der Frühling, der ist da.

Ostergedicht

Dort draußen an des Waldes Rand
Seh ich ein Häschen wohl bekannt.
Es hoppelt hin, es hoppelt her,
Trägt einen Korb so groß und schwer.

Mit vielen Eiern kunterbunt,
Rot und blau und gelb und rund,
Legt ins Gras wohl hier und dort
Ein Ei und hastet eilig fort.

Frühmorgens, wenn die Sonne lacht,
Die Kinder aus dem Schlaf erwacht,
In dem Garten dort am Weiher,
Sie suchen fröhlich Ostereier.

Sommertag

Früh morgens, wenn die Sonn' aufgeht,
Ihr goldner Schein am Himmel steht,
Bringt Wärme, Licht und Helligkeit,
Freude im Leben jederzeit.

Ihre milden warmen Strahlen
Gleiten still zur Welt hinab,
Tausend Lichter, Schatten,
Malen sie landlauf, landab.

Schimmern, flimmern, leuchten, glühen,
Am Himmel rosa Wölkchen ziehen,
Und in der Dämmerung purpur Schein
Taucht wieder sie ins Dunkel ein.

Ein Sommertag

Sonnenschein und Sommerwind,
Zarte Düfte leicht und lind,
Blumen wiegen sich im Wind.

Bienen summen,
Hummeln brummen,
Schmetterlinge tanzen,
Im Gebüsch ein Vogel singt,
Horch wie lieblich es dort klingt.

Kätzchen schnurrt im Gras,
Ich träume unterm Schattenbaum,
Kinderaugen staunend, schauen,
Ach wie schön ist das.

Ein weiterer Sommertag

Tausend goldene Sonnenstrahlen
Gleiten still zur Welt hinab,
Tausend Lichter Schatten malen
Sie landauf, landab,
Schimmern, glimmern, leuchten, glühen,
Am Himmel weiße Wölkchen ziehen,
Vögel singen, Kinder springen.

Und der bunte Schmetterling,
Dieses zarte kleine Ding,
Taumelnd tanzt er in der Luft,
Die erfüllt von Blütenduft.
Mücken schwirren, schweben, flirren;
Und die Grille zirpt im Gras,
Bienen summen,
Hummeln brummen,
Dummes Ding, was soll denn das.

Rote Kirschen rund und prall,
Äpfel, Birnen überall,
Goldnes Korn auf weiten Feldern,
Süße Beeren in den Wäldern;
Und der frische klare Quell
Rieselt eilig, flink und schnell
In das Bächlein, in den See.

Kinderlachen, Kinderjubeln,
Leise zu mir herüberwehen;
Menschen, Tiere groß und klein
Spielen im hellen Sonnenschein
Möchten alle fröhlich sein.

Herbstanfang

Grau und verhangen
Der Herbst kommt gegangen,
Voll Hoffen und Bangen,
Erstarrt liegt die Welt.

Aus Wiesen und Feldern,
Aus Fluren und Wäldern,
Steigen die grauen Nebel empor,
Unheimlich gurgelnd im Moor.

Über dem Weiher
Wehend die Schleier,
Die Nebel die steigen,
Tanzen im Reigen.

Im Wald ein Staunen,
Ein Rascheln und Raunen,
Bunte Blätter fallen,
Ferne Schritte verhallen.

So dunkel die Welt, kein Sonnenschein,
Da – über dem See schimmert ein Licht
Goldene Sonne, den Nebel durchbricht
Hell liegt die Welt im strahlenden Licht.

Herbstwind

Horch – leise weht draußen der Wind,
Lausche, mein Kind, der Herbst beginnt.
Letzte Blumen leuchten im Sonnenschein
Tautropfen glitzern wie Edelgestein.

Zarte Fäden gesponnen so zart und fein
Zittern leise im Wind;
Spürst Du's mein Kind,
Der Herbst beginnt.

Sieh dort an des Waldes Rand,
Kinder halten mit fester Hand den Drachen
Hoch steigt er empor am Firmament
Und schmiegt sich und wiegt sich
Ganz still dort im Wind,
Lauf' nun mein Kind, der Herbst beginnt.

Im Walde die Vöglein schweigen,
Graue Nebel tanzen im Reigen
Und verwehen im kühlen Wind,
Schau nur mein Kind, der Herbst beginnt.

Horch, heftig rauscht draußen der Wind,
Dunkle Wolken jagen dahin geschwind,
Bunte Blätter tanzen und fallen,
Rascheln leise im Wind.

Im Wald ein Staunen, ein Rascheln und Raunen,
Bunte Blätter fallen, ferne Schritte verhallen.
Bleigrau liegt der See, an des Ufer ich steh'.

Auf winzigen Wellen, ein Springen und Schnellen,
Ein Schimmern und Flimmern,
Ein Leuchten und Glühen,
Könnt' endlich doch wieder die Sonne erglühen.

Und eh' noch die Glocke den Mittag verspricht,
Die goldene Sonne den Nebel durchbricht,
Still ruht die Welt im strahlenden Licht.

Der Winteranfang

Der Winter ist gekommen,
Hat die Sonne fort genommen,
Und bringt uns Eis und Schnee
Und die dunkle, kalte Nacht.

Da hab ich bei mir gedacht,
Wie schön war doch die Sonne
Mit ihrer goldenen Wonne,
Die die Welt so licht gemacht.

Schnee

Heut' in der Nacht, ehe ich's gedacht
Ist der Winter aus dem Schlaf erwacht.
Schneeflocken tanzen drauß' im Wind,
Heiter fröhlich, wie ein Kind.

Sie fliegen, sich wiegen und wirbeln im Kreis
Und schaukeln und gaukeln ganz wie auf Geheiß,
Sie schweben und weben heimlich geschwind
Ihr schneeweißes Leinen weich, kühl und doch lind

Breiten es über die Welt soweit,
Hüllen Sie ein, in ein festliches Kleid;
Kinderaugen staunen, sehen
Weiße Welt – still, strahlend schön.

Es schneit

Es schneit, es schneit,
Oh seht doch heut'
Träumend, wie ein schlafend Kind,
Mein Bübchen noch so winzig klein,
Eilt in den Garten schnell hinein.

Und lacht und rennt und hascht und fängt,
Hält Schneeflöckchen zart in seinen Händ',
Bringt's her zu mir ganz sanft und sacht,
Ach Bübchen – hast ja nicht bedacht,
Wie schnell manch menschlich Glück vergeht,
Schneeflöckchen Tanz vom Wind verweht.

Erster Schnee

Heut' hat sich geöffnet das Wolkentor,
Schneeflocken rieseln eilig hervor.
Viel' tausend Flocken, weiß und weich
Tanzen im Reigen zarten Flaumfedern gleich.

Im Wind sie sich neigen,
Sie fliegen, sich wiegen und wirbeln im Kreis,
Sie schaukeln und gaukeln, ganz wie auf Geheiß.
Sie schweben und weben, heimlich beschwingt
Ihr schneeweißes Leinen weich, kühl und doch lind
Breiten es über die Welt so weit,
Hüllen sie ein, in ein schneeweißes Kleid.

Setzen Häusern und Scheunen ein Häubchen auf,
Bedecken die Straße mit ihrem Staub
Die Bäume weiß gepudert stehen,
Wie verzaubert sind sie anzusehen.
Die Blumen und Pflanzen, sie dürfen nun ruhen
Die Kälte, die kann ihnen nichts mehr tun.
Die Wiesen, die Wälder, die Fluren,
Die Felder, die Berge, der See,
Versunken liegt die Welt im Schnee.

Als endlich dann der Tag erwacht,
Nach dieser stillen weißen Nacht,
Da hat die Sonne mit goldener Pracht,
Den Schnee zum Glitzern und Funkeln gebracht.
Ein Kind dort aus dem Fenster schaut,
Die Augen weit entzückt, erstaunt,
Und dann ertönt sein Jubellaut
Schnee, Schnee, weißer, schneeweißer Schnee.

Glatteis

Schnee, Schnee, ringsherum Schnee
Und tropfender Nebel, wohin ich auch seh'.
Ein Mann taucht aus dem Nebel auf,
Geht schwankend dort die Straße rauf,
Hat wohl getrunken zu viel Bier,
So früh am Tag, ist grad halb vier.

Ach nein, dass ich's doch besser weiß,
Er rutscht nur auf dem glatten Eis;
Hält zitternd sich am Zaun dort fest,
Nur zögernd er den Halt verlässt.

Ein Wintertag rodeln

Es hat geschneit heut' Nacht,
Still, leise und sacht
Rieselt der Schnee,
Wohin ich auch seh'.

Hüllt die Welt so weit
In ein schneeweißes Kleid,
Damit endlich auf Erden
Winter kann werden.

Die goldene Sonne
Lockt uns vor Wonne,
Die Kinder im Haus
Holen die Schlitten heraus,
Gehen hinauf auf den Berg,
Mein Gott, welch ein Gewerch.

Ein Lachen und Jubel,
Schau, dieser Trubel;
Mit juhei und jucheh geht's
Hinab in den Schnee,
Hinunter ins Tal – zigtausendmal.

Bergauf und bergab
Sind die Kinder auf Trab,
Voll Freude und Spaß –
ohn' Unterlass.

Die Augen sie sprühen,
Die Bäckchen, die glühen,
Die Näschen so rot,
Die Welt ist im Lot.

Dort drüben alleine,
Die muntere Kleine,
Kopfüber oh weh,
Purzelt sie in den Schnee.

Sie rappelt lachend sich auf,
Stapft höher hinauf,
Mit dem Schlitten geschwind
Saust sie hinab wie der Wind.

Die Sonne schon sinkt,
Im See dort ertrinkt
Ihr goldene Schein,
Nacht bricht herein.

Frohes Lachen verklingt,
Kühler Wind leise singt
Sein Lied in den Bäumen,
Kinder schlafen und träumen;

Vom Eis auf dem See,
Den Tieren im Schnee,
Vom eisigen Wind,
Still, schlaf nun mein Kind.

Tauwetter

Oh Gott, wie sieht's heut' draußen aus,
Schmutzig, grau, es ist ein Graus.
Der Nebel hat verschluckt die Welt,
Der Himmel fast zur Erde fällt.

Es tropft und trieft und rinnt und fließt,
Still, hat denn da nicht wer genießt.
Ja, schau ein Bub kommt angerannt
Den Schlitten zerrt er mit der Hand
Und watet durch den weißen Schnee
Als ich noch einmal nach ihm seh'.

Da stapft er in den grauen Matsch
Und spritz und platsch
Und klitsch und klatsch,
Am Tor, da pappt der Kladderadatsch.

Erschrocken sieht der Bub mich an
Saust eilig auf die Straße dann,
Plumps, sitzt er auf dem Hosenboden,
Doch der Bub, ich muss ihn loben.

Zum Schlitten greifen seine Hände
Rappelt sich auf, flink behände,
Schlittert, schwankt, oh Schreck, oh Weh –
Schon wieder landet er im Schnee.

Verdattert schaut der Bub sich um,
Es ist doch wirklich gar zu dumm,
Was ist er heut' nur für ein Tropf
Klitschnaß ist er von Fuß bis Kopf,
Schmutzig auch und eisig kalt.
Hastig – fern – sein Schritt verhalt.

Lichter glitzern auf dem Eis,
Dem Schnee auf der Latern wird's heiß.
Es tropft und fließt und tropft und fließt
Bis draus ein Eiszapf geworden ist.

Ich nehm den Eimer in die Hand,
Streu geschwind ein wenig Sand.
Schnee rutscht nass und schwer vom Baum,
Vorbei ist er, der weiße Traum.

Muttertag

Frohes Fest
All'n Müttern nur das Best'!
Heute denken wir einmal daran
Was Mütter stets für uns getan.

Kochen, Backen, Saubermachen,
Im Garten draußen Unkraut hacken,
Blumen sähen, Waschen, Nähen,
Nach den spiel'nden Kindern sehen.

Kinder weinen, Kinder lachen,
Wo sind all' die hübschen Sachen,
Die den Kleinen Freude machen.
Trösten, Kuscheln, ins Bettchen bringen,
Lust'ge Kinderlieder singen.

Und die Großen – ach oh weh!
Hausaufgaben ich dort seh',
Schule, Musik, Sportverein,
Die Großen woll'n gefahren sein.

Und der Papa ist auch noch da
Möchte reden mit Mama,
Was heute alles so geschah.
Drum lädt er uns ins Gasthaus ein,
Dort werden wir willkommen sein,
Denn heute soll Mama ausruh'n,
Darf heute keine Arbeit tun.

Wir schenken Blumen hübsch und bunt,
Bitte, Mama bleib gesund!
Wir brauchen dich noch viele Jahr',
Wir lieben dich und das ist wahr.

Glocken klingen

Hell die Glocken klingen,
Frohes Lied sie singen,
Die Weihnacht, sie ist da.

Christ ist uns geboren,
Gottes Sohn erkoren,
Zu erlösen die Welt.

Engelein singen,
Liebe wird er bringen
Allen Menschen der Welt.

Oh heilige Nacht,
Voll göttlicher Macht,
Gib Frieden der Welt.

Heilige Nacht

Ein Hirte hält Wacht,
Auf einsamer Weiden
Schneeflocken treiben;
Ein Engel schwebt nieder
Singt frohe Lieder.

Vom Kindlein im Stall
Dass es weithin hall'.
Die Hirten nicht weilen,
Sie hasten und eilen
Und tragen die Gaben,
Das Kindlein zu laben.

Sie möchten's beschenken,
Heller Stern wird sie lenken
Und führen zum Kind,
Dass ein jeder es find'.
In der Krippe es liegt,
Von Maria gewiegt.

Und bedecket so leicht,
Josef betend sich neigt.
Engelein singen,
Liebe wird bringen,
Den Menschen auf Erden
Friede kann werden.

Weihnacht

In der stillen dunklen Nacht
Halten Hirten einsam Wacht.
Engel vom Himmel hernieder schweben
Segnend ihre Hände heben.

Sie verkünden den Hirten auf dem Feld
Vom Heiland, geboren, zu erlösen die Welt.
Singen jubelnd frohe Lieder,
Die Hirten knien betend nieder.

Das Kindlein in der Krippe liegt,
Maria hat' in Schlaf gewiegt.
Deckt es weich, mit leichter Hand,
Josef lehnt dort an der Wand.

Hat ausgeblasen die Latern'
Denn überm Stall der helle Stern
Hüllt ein mit seinem milden Schein,
Das süße, zarte Jesulein.

Ein Lied in der Nacht

Leise, ganz leise, ein Lied in der Nacht
Himmlische Weise, von göttlicher Pracht.
Engelein singen, nah und so fern,
Verkünden den Menschen die Ankunft des Herrn.

Leise, ganz leise, jubelnder Klang
Klingelt die weite Erde entlang
Maria, Jungfrau, von Gott auserkoren,
Hat Christus den Heiland uns heute geboren.

Leise, ganz leise klingt's durch die Nacht,
Der Heiland, er hat uns den Frieden gebracht.
Glaube, Hoffnung und Liebe er gab,
Gottes Sohn, er kam zu den Menschen herab.

Leise, ganz leise verweht sacht im Wind,
In der Krippe lächelt das himmlische Kind
Oh, oh, öffnet die Augen, die Herzen so weit,
In fröhlicher, seliger Weihnachtszeit.

Engel jubelieren

Glocken klingen, Glocken singen
Christus ward geboren
Engel jubelieren.

Der Heiland wird Euch führen
Durch Raum und Zeit zur Ewigkeit.

Liebe, Frieden, Freud

Dunkle Nacht, einsam kalt,
Schwarz und schweigend steht der Wald
Schneeflocken wiegen sich im Wind,
Träumend, wie ein schlafend Kind.

In der Ferne zartes Klingen,
Tausend Engelschöre singen;
Freue dich oh Christenheit,
Christus ward geboren heut.

In den Herzen frohes Staunen,
Geheimnisvolles Flüstern, Raunen,
In dieser stillen heiligen Nacht,
Ward der Heiland uns gebracht.

Kam die Menschen zu erlösen
Von Hader, Streit und allem Bösen.
Schenkt uns Liebe, Frieden, Freud
Oh wundersame Weihnachtszeit.

Gedanken zu Neujahr

Geboren ward ein neues Jahr
In dieser Nacht so hell und klar.
Was wird es bringen? Bange Frage,
Sind's frohe, hoffnungsvolle Tage?

Voller Glück und stiller Freud'
Oder auch manch Herzeleid.
Was kann ich tun, damit dies' Jahr
Gut werde und so wunderbar.

Nur eins hab ich mir vorgenommen,
Der Liebe, die von Gott gekommen,
Will öffnen ich mein Herz so weit,
Um Recht zu tun, zu jeder zeit.

Möcht diese Liebe, durch die wir leben,
Liebend an andere weiter geben.
Allein diese Liebe trägt und hält uns,
Nur sie kann helfen, zu ändern die Welt.

Angsthase

Heut' in der Silvesternacht
Häschen hat sich aufgemacht,
Möcht' im Schnee spazieren gehen
Und nach frischem Futter sehen.

Hell scheint der große runde Mond,
Der am Himmel droben wohnt,
Viel tausend goldene kleine Sterne
Leuchten hell, in weiter Ferne.

Das Häschen hoppelt froh und munter
Den weiß verschneiten Weg hinunter;
Kaum angekommen am Waldesrand
Die Mitternacht kehrt ein ins Land.

Glocken läuten, Böller krachen,
Raketen zischen, Menschen lachen,
Grün, rot goldener Sternenregen
Sanft zur Erde niederschwebt.

Erschrocken bleibt das Häschen stehen,
So etwas hat's noch nie gesehen.
Was hat das alles zu bedeuten?
Noch immer hell die Glocken läuten.

Zisch, rum bum bum,
Zisch, rum bum bum,
Entsetzt dreht sich das Häschen um,
Läuft den ganzen Weg zurück,
Hoffentlich hat's nochmal Glück.

Zisch, rum bum bum,
Zisch, rum bum bum,
Wieder kehrt der Hase um,
Läuft den Weg erneut hinunter
Voller Angst und nicht mehr munter.

Zisch, Zisch, zisch, bum bum bum,
Hinauf, hinab, hinauf, hinab,
Häschen ist nur noch auf Trab.
Du armes kleines Häschen Du,
Vor lauter Angst kommst nicht zur Ruh'.

Könnt ich Dir doch nur sagen,
Was sich heut' Nacht hat zugetragen,
Das neue Jahr ist angekommen
Die Menschen heißen's froh willkommen.

Niemand hat daran gedacht,
Dass der Lärm den Tieren Angst gemacht;
Endlich hört das Lärmen auf,
Häschen stoppt den schnellen Lauf.

Zitternd bleibt's am Wege stehen
Müde kann's zur Ruhe gehen

Kinderfasching

Lüdke, lüdke, lüdke, Fastnacht,
Ich hab gehört, ihr habt geschlacht'
Und eine große Wurst gemacht.
Gebt mir eine, gebt mir eine,
Aber nicht so 'ne ganz kleine.

Lasst mich nicht so lange stehen,
Ich muss noch ein Häuschen weitergehen.
Vertraute alte Weise von Tür zu Tür heut' klingt
Den lustigen kleinen Sängern manch leckere Gabe winkt.

Ein Bübchen, noch so winzig klein
Steht mit der Frage ganz allein,
Wohin mit den Geschenken.
Und ohne nachzudenken,
Füllt er sie in sein Mützchen rein.

Er schleppt das Mützchen huckepack,
Als wär's ein riesengroßer Sack
Eilt flink den Sängern hinterdrein, denn
Ins Säckle geht noch viel hinein.

Die Mütz' wird lang und länger
Und weiter ziehen die Sänger;
Das hat sich gelohnt, brummt der Papa,
Als er die Riesenmütze sah.

Die Mutter aber fröhlich lacht,
Hat ein glücklich' Kind zu Bett gebracht.

Neunzigster Geburtstag meiner Cousine Lina

90 Jahre Erdenleben, wahrlich eine lange Zeit,
Gott hat Dir die Kraft gegeben,
Gestern, morgen und auch heut'.

90 Jahr' bist Du gegangen,
Auf dieser schönen, weiten Welt,
Hast mit Hoffen und mit Bangen
Gefragt, was sie bereit dir hält.

Krieg und Frieden, Arbeit, Brot,
Glück und Segen, Sorgen, Not;
Du sahst die Schönheit der Natur,
Hast sie geliebt, ein wenig nur?

90 Jahre schon verronnen,
Neu' Jahrzehnt hat heut' begonnen.
Mög' es Dir bringen Glück und Freud,
Gesundheit und Zufriedenheit.

Und auf allen deinen Wegen
Geleit' dich Gottes gütiger Segen.
Neunzig Jahre, welche Zeit,
Ein Licht im Meer der Ewigkeit

Flüchtlinge

Auf fernen, staubigen Straßen
Hasten Menschen eilig dahin,
Schleppen Krankheit, Kummer und Sorgen
Gehen hungernd entgegen dem Morgen.

Verzweiflung im Herzen tief drin,
Sie haben die Heimat verloren,
Die still und friedlich einst war,
Doch Kanonen und Kampfgetümmel,
Dazu roher Soldatenlümmel ..!!!!!!!

So flohen sie, nackt, bloß und bar
Und kommen mit leeren Händen
Mit stillem, traurigem Blick,
Wohin nur sollen sie sich wenden,
Tragen klaglos ihr hartes Geschick.

Da – hast Du gehört den lautlosen Schrei,
Der aus stummen Mund erschallt
Macht von schweren Ketten uns frei,
Oh helft uns, oh helft uns doch bald.

Gottvertrauen

Dunkle Tage, frohe Stunden,
Hast Du oh Gott
Mein Herz gefunden?
Enden Ängste Schmerzen, Sorgen, Pein
In deine Liebe kehr ich heim.

Gebet

Oh Gott, unser Vater, im Himmel Du,
Oh höre mein Beten, oh bitte hör zu.
Schütze mit gütiger, segnender Hand
Die Menschen der Erde,
In der Stadt, auf dem Land.

Nimm fort den Hunger,
Den Hass, alles Böse;
Von Hader, Streit und Krieg uns erlöse
Tröste die Kranken.

All die, die allein,
Lass länger sie nicht mehr einsam sein.
Vergib unsere Schuld,
Hilf uns zu verzeihen,
Lass Friede in die Herzen kehr'n ein.

Schenke Liebe allen Menschen auf Erden,
Lass alle „Kinder Gottes" werden

Krieg

Krieg–! Krieg–! Krieg–!
Weit hallt dieser Schreckensruf,
Ist denn des Kampfes nicht genug?
Wie konnt das Schreckliche geschehen?
Die Menschen können's nicht verstehen.

Krieg–! Krieg–! Krieg–!
Menschen flüchten, kämpfen, sterben,
So viele stürzen ins Verderben.
Alle leiden bittere Not
Hunger, Kälte, Elend, Tod.

Krieg–! Krieg–! Krieg–!
Ein Krieg bringt niemals Sieg.
Alle können nur verlieren,
Tote ihre Straßen zieren.
Kann niemand dieses Schicksal wenden,
Niemand diesen Krieg beenden?

Krieg–! Krieg–! Krieg–!
Die Menschen möchten glücklich sein,
Sich an ihrem Leben freuen,
Alle Menschen dieser Erde
Hoffen, dass bald Frieden werde.

Die Liebe trägt

Wenn alle Menschen Engel wären
In dieser weiten Welt,
Dann gäb es keinen Kummer mehr.

Ob schwarz, ob weiß, ob braun, ob gelb,
Die Liebe alle hält und führt sie hin
Zu Fried und Freud.

Zu Glück und reichem Segen
An denen Menschen alle Zeit gelegen;
Ob schwarz, ob weiß, ob braun, ob gelb,
Die Liebe alle hält.

Liebe

Menschsein im Leben
Heißt Liebe geben.
Liebe ist das höchst' Gebot
Ohn' sie alle Menschen leiden Not.

Liebe, dies Wort schließt alles ein:
Güte, Verstehen und hilfsbereit sein.
Liebe, die du freudig gibst,
Kehrt tausendfach zu dir zurück.

Drum öffne ihr dein Herz soweit,
Gott schütze dich zu jeder Zeit.

Annehmen was ist

Hab Liebe im Herzen,
Sei edel gesinnt.
Nimm Freude und Schmerzen,
Die das Leben dir bringt.

Hab frohen Mut,
Sei hilfsbereit, gut.
Auf all' deinen Wegen
Sei Gottes Segen.

Göttliche Liebe

Denk' daran, oh Menschenkind,
Dass wir von Gott erkoren sind,
Zu folgen dem Gebot der Liebe,
Das uns führt aus vieler Not,
Damit wir werden
Auf dieser Erden
Zu seinem Ebenbild.

Herzöffnung

Möchtest du werden
Auf dieser Erden
Ein wahrer Mensch,
Dann sei bereit
Zu öffnen dein Herz der Liebe weit
Wer die Liebe zu allem Lebenden spürt
Des' Weg gewiss zu Gott hinführt.

Liebe - Frieden

Liebe ist, wenn eine Mutter
Ihr Kindlein küsst,
Mit ihm spielt und lacht,
In den Schlaf wiegt bei Nacht.
Ihm ein Liedchen singt,
Das in den Herzen wieder klingt.

Liebe ist, wenn zwei sich halten an der Hand,
Geh'n gemeinsam über Land
Einander verstehen, einander vertrauen,
Voll Zuversicht ihre Zukunft bauen.

Friede ist, wenn im Abenddämmerschein
Ein Mensch horcht in sein Herz hinein.
Was nur hat dieser Tag gebracht,
Der mich so heiter und froh gemacht?
War's doch ein ganz normaler Tag
Voller Freude, Sorgen, Müh' und Plag'.

Friede ist, wenn Liebe unter den Menschen ist,
Nur die Liebe kann uns den Frieden bringen,
Hilft Hader, Streit und Zwietracht bezwingen.

Wie kann ohne Liebe denn Frieden sein?
Wie kann ohne Frieden die Liebe gedeih'n?
Liebe und Frieden wie Geschwister sind,
Liebe und Frieden jedem Menschenkind.

Tagesrückblick

Der Mond scheint in mein Fenster rein,
Sagt leis' mir Gute Nacht,
Der helle Tag ist nun vorbei,
Hat manches mir gebracht.

Den warmen, goldnen Sonnenschein,
Heut' gleich am frühen Morgen,
Viel' Freude, Arbeit, Schmerz und Pein
Ein Bündel voller Sorgen.

Die Freude, sie war wunderschön,
Die Blumen war'ns, die Kinder,
Die Wölkchen, die am Himmel steh'n,
Die freuten mich nicht minder.

Die Arbeit war nicht Müh' noch Plag'
An diesem lichten, sonn'gen Tag;
Sie ließ vergessen Schmerz und Pein
In meinem armen kranken Bein
Und macht' ihn leicht und linder.

Wie herrlich ist die weite Welt,
Die Gott mit güt'gen Händen hält;
Ihr Menschen lasst das Sorgen
Hofft auf den neuen Morgen.

Die Hoffnung gold'ne Brücken baut,
Hoch über weites Land,
Dem fremden Menschen dort vertraut
Gebt helfend ihm die Hand

Glück

Ich möchte so gerne glücklich sein,
Gehen in die weite Welt.
Möchte lachen, singen, fröhlich sein,
Grad tun, was mir gefällt.

Doch das Leben ist nicht so,
Die Menschen sind nur selten froh,
Sie geh'n zur Arbeit jeden Morgen,
Tragen Kummer, Schmerz und Sorgen,
Still im Herzen, tief verborgen.
Ein jeder geht für sich allein
Und möchte doch nicht einsam sein.

Niemand bleibt am Wege stehen,
Um dich freundlich anzusehen.
Alle hasten, drängen, eilen,
Keine Ruhe zum Verweilen,
Lass Dir doch ein wenig Zeit,
Nehm' Anteil an der andern Leid.

Hilf die Sorgen überwinden
Und den Frohsinn wiederfinden,
Ist das Glück zurück gekommen,
Hat den Kummer fortgenommen.

Dann freue dich an ihrer Freud',
Vergiss die eigene Traurigkeit.
Ist es denn nicht wunderschön
Ein fröhlich Menschenkind zu seh'n.

Verbann' die Missgunst und den Neid
Und die dumme Eitelkeit.
Denn alle Menschen hier auf Erden
Möchten froh und glücklich werden.

Hingabe

Menschen, die träumen
In einsamen Räumen,
Die fürchten das Leben,
Von Gott uns gegeben.
Menschen, die sehen,
In die Welt hinaus gehen.

Sie fühlen sich verbunden,
Den Kranken, Gesunden
Alle Liebe sie geben,
Dem Werden, dem Leben
Sie sehnen, sie streben
Nach sinnvollem Leben.

Einsamkeit

Sieh, die Frau mit dem Silberhaar,
Die Augen so hell, die Augen so klar.
Müde Hände, rissig und rau
Ruhen im Schoß der alten Frau.

Lauscht aufmerksam, mit allen Sinnen
Den heiter frohen Kinderstimmen,
Die der Wind herüberweht,
Mein Gott, wie schnell die Zeit vergeht.

Sie hat gesorgt, sie hat geschafft,
Häufig – ach – in dunkler Nacht
Voll Angst am Krankenbett gewacht.
Sie ist allein, die Kinder fort,
Der eine hier, der andere dort;
Der Dritte gar am fremden Ort.
Ihre Liebe? – ach – wer hört dies Wort.

Die Kinder reisen weit und fern,
Vergessen die Mutter nur allzu gern.
Niemand will hören ihren Rat
Den ihr die Erfahrung des Lebens gab.

So vergeht die Zeit voller Traurigkeit,
Sieht niemand ihre Einsamkeit.
Wo bleibt der Enkel frohes Lachen
Ihr singen, springen, glücklich machen?

Weit in die Ferne schweift ihr Blick,
Kehren die Kinder je zurück?
Sie fühlt ein wehes, schmerzlich Sehnen
Und langsam, langsam rinnen Tränen.

Trauer

Wir stehen vor Trauer und können es nicht fassen,
Ein Mensch hat diese Erde verlassen.
Ein Mann, der geschafft und gesorgt hat im Leben
Und seiner Familie viel Gutes gegeben.

Er ließ zurück seine Lieben,
Das Glück und den Schmerz.
Gab in Gottes Hände sein müdes stilles Herz,
Das allzeit treu und tapfer geschlagen
An frohen und manch schweren Tagen.

Er hat sich zur letzten Ruhe begeben,
Ist heimgekehrt zu Gott.
Er schenkt ihm Frieden und ewiges Leben,
Hat erlöst ihn von Kummer und Not.

Der Tod

Ein Mensch ist zur letzten Ruhe gegangen,
Ist heimgekehrt zu Gott.
Er hat seine Seele voll Liebe empfangen,
Erlöst sie von Sorgen und Not.

Nahm fort alle Tränen,
Den Kummer, den Schmerz,
Öffnet weit das tapfere Herz.
Zu Frieden und Freude und ewigem Leben
Durch seine Gnade ihm gegeben.

Er ließ zurück seine Lieben, das Glück und das Leid
Und war voller Wehmut und Trauer bereit,
Zu folgen dem Rufe des Herrn
Und hätt' doch gelebt noch so gern.

Oh Gott unser Vater im Himmel Du
Gib seiner Seele die ewige Ruh.
Schenk den Trost in unser Herz hinein,
Bei Dir sein Herz wird geborgen sein.

Das Geburtstagshaus

Ein Haus hat heut Geburtstag,
20 Jahre wird es alt,
In unserer Stadt in Nürnberg,
Da ist es wohl bekannt,
Denn Max am Stadtpark wird's genannt.

Viele Leute gehen ein und aus
In diesem schönen, großen Haus,
Das gar so stattlich anzusehen,
Das Haus ist wirklich wunderschön.

Die Menschen, die dort wohnen
Sind alt und oft sehr krank
Doch im Haus sind sie geborgen,
Vergessen dabei Kummer und Sorgen.

Und fühlen tiefen Dank,
Denn die Pfleger sie gut pflegen,
Sie mit Freundlichkeit umhegen,
So wird der Tag nicht lang.

Dort wohnen auch noch Menschen,
Die mobil und aktiv sind
Erfreuen sich an allem Schönen.
Und auch an manchem Enkelkind.

Sie wohnen in eigener Wohnung
Mit Nachbarn Tür an Tür;
Gehen mit Freunden ein und aus,
Ganz nach Belieben im großen Haus.

Ist einmal „Not am Mann",
Dann rufen sie schnell an;
Die Hilfe, sie kommt also gleich
In Ihr privates, kleines Reich.
Drum fühlen sie sich wohl und sicher aufgehoben.

Ja, im Max, da ist gut leben,
Alle freundlich uns umgeben
Und heut – da wollen wir feiern
Bei Musik und Tanz, Spiel und Spaß
Ach – wie schön ist das.

Du großes Haus am Stadtpark,
Der oft zum Spaziergang lockt
Bleib noch viele Jahre stehen,
Damit die Menschen sehen,
Vielleicht, ja vielleicht bin auch ich einmal dort.

Marianne Hofmann und Margarete Feyertag

Die Kunst

Gestern Abend ging ich aus,
War im großen Musikhaus,
Hört viel Instrumente klingen,
Schöne Stimmen, Lieder singen.
Unsere Herzen wurden weit,
Voller Glück und Seligkeit.

Wem Gott solch Geschenk gegeben,
Der sei voll Dank in seinem Leben.
Doch Kunst ist nicht Musik allein,
Auch andere Künste uns erfreuen.
Da ist die Malerei zu nennen,
Bildhauer, Schnitzer, wir auch kennen,
Und die Baukunst nicht vergessen
Kirchen, Schlösser – welche Pracht
Oft schon hab ich sie betracht.

Wir stehen stumm und staunen,
Beten still und glauben
Die Dichtkunst, sie bringt große Freud,
Beflügelt Geist und Seele,
Erzählt vom Schicksal anderer Leut,
Von Kummer, Leid, Probleme.
Doch manches Buch ist heiter,
Schon fühlen wir uns leichter,
Probleme schneller schwinden,
Können wir die Lösung finden?

Bitte liebe Künstler,
Verlasst die großen Münster.
Schafft froh und ernsthaft weiter,
Zu aller Freud, zu jeder Zeit.
Wir danken für manch schöne Zeit,
Die ihr uns habt bereit.
Auf allen Euren Wegen
Ist unser Dank zugegen.

Die Kinder der Welt

Denkt an die Kinder dieser Welt,
Die krank und hungrig und einsam sind,
Deren Eltern der Krieg hat erschlagen,
In jenen schweren friedlosen Tagen.

Denkt an die Kinder dieser Welt,
Die traurig, allein und verlassen sind,
Deren Augen das Entsetzen gesehen,
Das dennoch sie werden niemals verstehen.

Gebt allen Kindern dieser Welt
Die Liebe, die sanft sie geborgen hält,
Die ihnen gibt Hoffnung und frohen Mut
Ihr Menschen – seid gut!

Stephanie Rindfrey,
Konzeption, Organisation

geborene Müller, am 07.11.1964 in Coburg

- Lehrerin für Pflegeberufe
- Selbstständige Gesundheitstrainerin
- Kinästhetiktrainerin für pflegende Angehörige

Weitere Infos unter: www.gluecksbringer-rindfrey.de

Margarete Feyertag
Zeichnerin

92 Jahre, eine leidenschafliche Zeichnerin.

Sie ist mit Marianne Hofmann befreundet und lebt im betreuten Wohnen in Nürnberg.

Marianne Hofmann
Biografie

Marianne Hofmann, geborene Hartmann, 14.02.1923 in Siddessen, im Weserbergland geboren.

Ihr Vater war Lehrer an einer Mittelpunktschule, ihre Mutter Hausfrau. Sie hatte drei Geschwister, alle sind bereits verstorben, zwei Schwestern hat sie durch den Krieg verloren, ihr Bruder starb vor 10 Jahren.

Von Beruf war sie Erzieherin. Sie wollte eigentlich Lehrerin oder Bibliothekarin werden, durfte aber in dieser Zeit nicht studieren. Sie hatte die Wahl zwischen der Arbeit in der Munitionsfabrik oder das Erlernen eines sozialen Berufes.

Geheiratet hat sie am 10.12.1944, Theodor Hofmann aus Nürnberg. Als ihr Mann 1945 aus dem Krieg kam, zog sie mit ihm nach Nürnberg. Dort arbeitete er als Amtsrat bei der Stadt Nürnberg. Aus der Ehe ging eine Tochter, eine Enkelin und ein Urenkel hervor.

Am 18.12.1995 ist Ihr Mann verstorben. Sie lebt heute im betreuten Wohnen in Nürnberg.

Stephanie Rindfrey, Marianne Hofmann
Zusammenarbeit beim Aufschreiben der Gedichte

Danksagung: Stephanie Rindfrey:

Ich danke Andrea und Patryk, die mich zu Marianne geführt haben.

Dir, liebe Marianne danke ich von Herzen für deinen Geist, deinen Witz und deine Weisheit.

Das Wichtigste, was ich von Dir gelernt habe, ist, auch in schwierigen Lebenssituationen in der Liebe zu bleiben. Meinem Mann danke ich von Herzen, dass er das Projekt von Anfang an begeistert und liebevoll mitgetragen hat.

Meine eigene Begeisterung hat mich zur Geburtshelferin für dieses Buch gemacht.

Möge es allen Mut machen, die sich manchmal einsam und verlassen fühlen und meinen, nicht mehr gebraucht zu werden. Es ist nie zu spät, Sinn zu finden und kreativ zu sein.